PERMISSION.

Nous Jean-Baptiste BOURLIER, par la miséricorde Divine & l'autorité du Saint-Siége Apostolique, Evêque d'Evreux, Baron & Chevalier de l'Empire, membre du Corps Législatif :

Avons lu & permis au Sieur J. J. Ancelle, fils, Imprimeur à Evreux, de réimprimer un petit Livre qui a pour titre :

Nouvel Alphabet en français, divisé par syllabes, suivi de l'Abrégé de la Doctrine Chrétienne.

Donné à Evreux, sous notre seing, notre sceau & le contre-seing du Secrétaire de notre Evêché, le 18 Décembre 1810.

† J. Bapt. *Ev. d'Evreux.*

Par commandement,

Besnard, *Prêtre.*

NOUVEL ALPHABET
EN FRANÇAIS,
DIVISÉ
PAR SYLLABES.

A EVREUX,
Chez J. J. I. Ancelle, Imprimeur-
Libraire. 1810.

Venez mes enfans je vous enseignerai la crainte du Seigneur. *Pseaume 38.*

L'enfant sage est la joie de son père. *Proverbe 15.*

Mon fils ne rejettez point la correction du Seigneur & ne vous abbattez point lorsqu'il vous châtie, car le Seigneur châtie celui qu'il aime, & il trouve en lui son plaisir, comme un peré de son fils.

Mes très-chers enfans ayez soin de travailler à votre salut, avec crainte & avec tremblement. *Philip.* 2.

(3)

abcdefghijklmn
opqrstuvxyz & ct

✝ A a. B b. C c. D d. E e é è ê.
F f. G g. H h. I i. K k. L l.
M m. N n. O o. P p. Q q. R r.
S s. T t. V v. U u. X x. Y y.
Z z. p d b q l o y a m g n f e
i r f x v e t s u z p b d p e c k
d. p. q. b. q. é. è. ê. ë. e.

✝ *A a. B b. C c. D d. E e é è ê. F f.*
G g. H h. J j. K k. L l. M m.
N n. O o. P p. Q q. R r. S s. T t.
V v. U u. X x. Y y. Z z. ct *æ. œ.*
fi ffl ffl ſb ſb ſl ſl ſli ffi ſt ſt.
ae æ. oe œ.

A 2

ç è s ç f r. o œ. f. ph. t. th.
ba	bé	bê	be	bi	bo	bu
ca	cé	cê	ce	ci	co	cu
da	dé	dê	de	di	do	du
fa	fé	fê	fe	fi	fo	fu
ga	gé	gê	ge	gi	go	gu
ha	hé	hê	he	hi	ho	hu
ja	jé	jê	je	ji	jo	ju
la	lé	lê	le	li	lo	lu
ma	mé	mê	me	mi	mo	mu
na	né	nê	ne	ni	no	nu
pa	pé	pê	pe	pi	po	pu
qua	qué	quê	que	qui	quo	quu
ra	re	rê	re	ri	ro	ru
ſa	ſé	ſê	ſe	ſi	ſo	ſu
ta	té	tê	te	ti	to	tu
va	vé	vê	ve	vi	vo	vu

xa xé xê xe xi xo xu
za zé zê ze zi zo zu
bla blé blê ble bli blo blu
bra bré brê bre bri bro bru
chra chré chrê chre chri chro chru
cla clé clê cle cli clo clu
cra cré crê cre cri cro cru
dra dré drê dre dri dro dru
sla slé slê sle sli slo slu
fra fré frê fre fri fro fru
gla glé glê gle gli glo glu
gna gné gnê gne gni gno gnu
gra gré grê gre gri gro gru
gua gué guê gue gui guo guu
pla plé plê ple pli plo plu
pra pré prê pre pri pro pru

pha phé phê phe phi pho phu
ſpa ſpé ſpê ſpe ſpi ſpo ſpu
ſta ſté ſtê ſte ſti ſto ſtu
tha thé thê the thi tho thu
tla tlé tlê tle tli tlo tlu
tra tré trê tre tri tro tru
vra vré vrê vre vri vro vru
ai ei oi au eu ou
a am an. e em. o om on.
prend. pour. lourd. fort. ſourd.
cœur. croix. bois. paix. mort.
Nous devons toujours craindre l'œil d'un Dieu qui voit tout.

L'Oraison Dominicale.

NOtre, Père, qui, êtes, dans, les, Cieux, que,

vo tre, nom, soit, sanc ti fi é ;
Que, votre, règne, ar ri ve ;
Que, vo tre, vo lon té, soit,
fai te, en, la, ter re, com me,
au, Ciel. Don nez, nous, au-
jour d'hui, no tre, pain, quo ti-
di en. Et, nous, par don nez,
nos, of fen ses, com me, nous,
par don nons, à, ceux, qui,
nous, ont, offen sés. Et, ne, nous,
a ban don nez, point, à, la,
ten ta tion. Mais, dé li vrez,
nous, du, mal. Ain si, soit-il.

La Salutation Angélique.

JE, vous, sa lue, Ma rie,
plei ne, de, gra ces, le, Seigneur, est, a vec, vous. Vous,

êtes, bé nie, en tre, tou tes, les, fem mes, &, Je fus, le, fruit, de, vo tre, ven tre, eſt, bé ni.

Sain te, Ma rie, Me re, de, Dieu, pri ez, pour, nous, pau vres, pé cheurs, main te nant, &, à, l'heu re, de, no tre, mort. Ain ſi, ſoit-il.

Le Symbole des Apôtres.

JE, crois, en, Dieu, le, Pè re, tout - puiſ ſant, Cré a teur, du, Ciel, &, de, la, ter re. Et, en, Je ſus-Chriſt, ſon, Fils, u ni que, no tre, Sei gneur. Qui, a, é té, con çu, du, Saint, Eſ prit, né, de, la, Vier ge, Mar ie. Qui, a, ſouffert, fous, Ponce, Pilate, a, été, crucifié, est, mort, &, a, été, enféveli. Est, defcendu, aux, enfers ; le, troifieme, jour, est, refsufcité, des, morts. Est, monté, aux, Cieux, est, affis, à, la, droite, de, Dieu, le, Père, tout-puiffant. D'où, il, viendra, juger, les, vivans, &, les, morts.

Je, crois, au, Saint-Efprit, la, Sainte, Eglife, Catholique ; la, communion, des, Saints ; la, rémiffion, des, péchés ; la, réfurrection, de, la, chair ; la, vie, éternelle. Ainfi, foit-il.

La Confession des péchés.

JE, me, con fes se, à Dieu, Tout-Puissant, à, la, bien-heu reu se, Ma rie, tou jours, Vier ge, à, saint, Mi chel, Ar-chan ge, à, saint, Jean-Bap-tis te, aux, A pô tres, saint, Pier re, &, saint, Paul, &, à, tous, les, Saints; par ce, que, j'ai, beau coup, pé ché, par, pen sées, par, pa ro les, &, par, ac ti ons. J'ai, pé ché, par, ma, fau te, par, ma, fau te, par, ma, très-gran de, fau te. C'est, pour quoi, je, sup plie, la, bien heu reu se, Ma rie, tou jours, Vier ge, faint, Mi chel, Ar chan ge, faint, Jean - Bap tif te, les, A pô tres, faint, Pier re, &, faint, Paul, &, tous, les, Saints, de, prier, pour, moi, le, Seigneur, notre, Dieu.

Les Commandemens de Dieu.

1. UN feul Dieu tu adoreras, & aimeras parfaitement.

2. Dieu en vain tu ne jureras, ni autre chofe pareillement.

3. Les Dimanches tu garderas, en fervant Dieu dévotement.

4. Père & mère honoreras,

afin de vivre longuement.

5. Homicide point ne feras, de fait ni volontairement.

6. Impudique point ne feras, de fait ni de confentement.

7. Les biens d'autrui tu ne prendras, ni retiendras injuftement.

8. Faux témoignages ne diras, ni mentiras aucunement.

9. La femme ne convoiteras, de ton prochain charnellement.

10. Biens d'autrui ne défireras, pour les avoir injuftement.

Les Commandemens de l'Eglise.

1. LES Dimanches, Messe entendras, & Fêtes de commandement.

2. Les Fêtes tu sanctifieras, qui te sont de commandement.

3. Tous tes pchés confesseras, à tout le moins une fois l'an.

4. Ton Créateur tu recevras, au moins à Pâques humblement.

5. Quatre-temps, Vigiles jeûneras, & le Carême entièrement.

6. Vendredi chair ne mangeras, ni le Samedi mêmement.

COURTES PRIÈRES
DURANT LA MESSE.

En entrant dans l'Eglise.

Que ce lieu est terrible & vénérable ! c'est ici la maison de Dieu & la porte du Ciel. Faites, Seigneur, que je sois dans le respect, & que je tremble à la vue de votre Sanctuaire.

En prenant de l'Eau-bénite, il faut faire le signe de la Croix, & dire :

Mon Dieu, répandez en moi l'Eau de votre grace, pour me purifier de plus en plus, afin que les adorations que je viens de vous préfenter, vous foient agréables.

Avant que la Meſſe ſoit commencée.

Je viens, ô mon Dieu, pour aſſiſter au ſaint Sacrifice, donnez-moi votre grace, afin que j'y aſſiſte avec une foi vive, un amour ardent & une humilité profonde.

Pendant que le Prêtre eſt au bas de l'Autel.

J'ai péché, mon Dieu, je ne ſuis pas digne de lever les yeux au Ciel, ni de regarder votre Autel, pour vous adorer ; mais que tous les Saints

vous prient pour moi. Je vo[us]
demande grace, ô mon Die[u]
Tout-Puissant, faites-moi m[i-]
séricorde, & m'accordez [le]
pardon de mes péchés, pa[r]
Jesus-Christ notre Seigneur.

Quand le Prêtre monte à l'Autel.

Père Céleste, qui êtes Dieu[,]
ayez pitié de nous. Fils, R[é-]
dempteur du monde, qui ête[s]
Dieu, ayez pitié de nous. E[s-]
prit-Saint, qui êtes Dieu, aye[z]
pitié de nous.

Au Gloria in excelsis.

Je vous adore, ô Père cé[-]
leste : vous êtes le Souverai[n]
Seigneur, le Roi du Ciel, [le]
Die[u]

Dieu Tout-Puissant. Je vous adore auſſi, ô Jeſus, mon Sauveur, vous êtes le ſeul Saint, le ſeul Seigneur, le ſeul Très-Haut, avec le Saint-Eſprit en la gloire de Dieu le Pere.

Pendant les Oraiſons.

Dieu Tout-Puiſſant, faites-nous la grace d'avoir l'eſprit tellement rempli de telles penſées, que toutes nos paroles & nos actions ne tendent qu'à vous plaire, par Jeſus-Chriſt notre Seigneur.

A l'Epitre.

Faites-moi, ô mon Dieu, la grace d'aimer votre ſainte pa-

B

role, d'en apprendre les vérités, & d'en pratiquer les préceptes dès mon enfance.

A l'Evangile.

Seigneur, béniffez mon efprit, ma bouche & mon cœur, de forte que mes penfées, mes paroles & mes actions foient réglées par votre Évangile ; & que je fois toujours prêt à marcher dans la voie des faints Commandemens qu'il contient.

Au Credo.

Augmentez ma foi, Seigneur, rendez-la agiffante par la charité, & faites-moi la grace de vous être fidèle jusqu'à la mort, afin que je reçoive la couronne de vie.

A l'Offrande.

O Dieu, qui dites dans votre parole : Donnez-moi votre cœur, je vous offre le mien en même-tems que le Prêtre vous offre ce pain & ce vin ; je vous offre aussi mon corps ; faites que ce corps & cette ame soient une hostie vivante, sainte & agréable à vos yeux.

Lorsque le Prêtre lave ses doigts.

Lavez-moi, Seigneur, dans le sang de l'Agneau sans tache

pour effacer de mon corps & de mon ame les moindres taches du péché.

A l'Orate Fratres.

Que le Seigneur veuille recevoir ce saint Sacrifice pour sa gloire, pour mon salut, & pour l'utilité de toute son Église.

A la Préface.

Élevez, Seigneur, mon cœur au Ciel, afin que je vous adore avec les Anges, en disant comme eux : Saint, Saint, Saint, le Seigneur, le Dieu des Armées ; les Cieux & la Terre sont remplis de la

Majesté de votre gloire.

Après le Sanctus.

Mon Dieu, défendez votre Église contre tous ses ennemis visibles & invisibles, conduisez par votre grace, notre saint Pere le Pape, Monseigneur notre Évêque, & les autres Pasteurs à qui vous avez confié le soin des ames. Conservez l'Empereur, bénissez mes Parens, mes Bienfaiteurs & mes Amis, & particulierement N.

Il faut ici penser aux Personnes pour qui on est obligé de prier.

Avant la Confécration.

Nous vous prions, Seigneur, que votre juste colere étant appaisée, vous receviez favorablement l'offrande que nous allons vous préfenter : donnez-nous la paix pendant le reste de nos jours, & mettez-nous au nombre de vos Élus.

A l'élévation de la Sainte Hostie.

C'est-là votre Corps, ô mon divin Sauveur, je le crois, parce que vous l'avez dit : j'adore ce Corps facré avec une humilité profonde, & je l'offre à votre Pere pour mon falut.

A l'élévation du Calice.

O précieux Sang qui avez été répandu pour nous fur la Croix, je vous adore, je vous crois véritablement dans ce Calice; je fuis prêt à répandre mon fang pour l'amour de vous: guériffez-moi, purifiez-moi, fanctifiez-moi.

Après l'élévation.

Faites-moi la grace, ô mon Dieu, de me fouvenir toujours que ce Corps Sacré qui eft maintenant préfent fur l'Autel, a été livré à la mort, & que ce divin Sang, qui eft dans le précieux Calice, a été répandu pour mon salut, afin que je vous serve toute ma vie avec ardeur ; souvenez-vous aussi de cette mort, afin que vous me pardonniez mes péchés avec miséricorde.

Au Memento *des Morts.*

Souvenez-vous, Seigneur, de vos serviteurs & de vos servantes qui sont morts dans la foi, & qui dorment du sommeil de la paix, & particulièrement de N.

Il faut ici penser aux Morts pour qui l'on est obligé de prier.

Pardonnez-leur, ô mon

Dieu, le reste de leurs péchés, & leur accordez votre saint Paradis, afin qu'ils se reposent parfaitement de leurs travaux & de leurs peines.

Au nobis quoque peccatoribus.

Seigneur ayez pitié de moi, qui suis un misérable pécheur, & daignez, nonobstant mon indignité, m'accorder un repos éternel avec tous vos Saints.

A la seconde élévation.

Recevez, mon Dieu, cette offrande du Corps & du Sang de votre Fils, & rendez-moi participant des mérites de sa mort. Pere Céleste, avec lui, par lui, & en lui, vous appartient toute la gloire & la louange.

Au Pater noster.

Il faut dire : Notre Pere qui êtes dans les Cieux ; *& le reste.*

Après le Pater.

Délivrez-nous, Seigneur, par votre bonté, de tous les maux passés, présens & à venir, & assistez-nous du secours de votre miséricorde, afin que nous ne soyons jamais esclaves du péché.

*A l'*Agnus Dei.

Agneau de Dieu, qui effacez les péchés du monde, ayez pitié de nous.

Agneau de Dieu, qui effacez les péchés du monde, ayez pitié de nous.

Agneau de Dieu, qui effacez les péchés du monde, donnez-nous la paix.

Au Domine non sum dignus.

Seigneur, je ne suis pas digne que vous entriez dans mon cœur, mais vous pouvez me délivrer de mes indignités ; dites seulement une parole, & mon ame sera guérie.

O mon doux Jesus, qui désirez si ardemment de vous unir à nous : je vous ouvre mon cœur pour vous y recevoir, comme mon Sauveur & mon Dieu.

Lorsque le Prêtre communie.

Que votre Corps, ô mon divin Rédempteur, & votre Sang précieux purifient mon corps & mon ame, qu'ils me fortifient & me nourrissent sur la terre, jusqu'à ce que je sois rassasié de votre présence dans le Ciel.

Après la Communion.

Mon Dieu, ne laissez pas

rentrer dans mon ame le péché que vous y avez détruit par le Baptême ; que Jesus-Christ mon Sauveur vive toujours en moi, & que je sente sa divine présence, en faisant des actions conformes à celles qu'il a faites lorsqu'il étoit sur la terre.

A la Bénédiction.

Que Dieu tout-Puissant nous bénisse, le Père, le Fils, & le Saint-Esprit. Ainsi soit-il.

A l'Évangile selon S. Jean.

Jesus, mon Sauveur, vous êtes le Fils unique de Dieu, vous êtes Dieu comme le Père & le

Saint-Esprit. Cependant pour nous sauver, vous êtes venu au monde, vous avez souffert la mort, vous vous rendez présent sur le Saint Autel. O que vous nous aimez parfaitement ! Faites-moi la grace de vous aimer de tout mon cœur, & de vous servir tous les jours de ma vie.

Après la Messe.

Seigneur Jesus, qui avez dit : *Laissez venir à moi les enfans*, je suis venu aujourd'hui près de votre Saint Autel, où je savois que vous deviez venir, & j'ai eu la consolation de vous y voir. Que je ne m'en retourne pas, ô mon Dieu, sans ressentir les effets de votre sainte Bénédiction. Renvoyez maintenant votre serviteur en paix, puisque mes yeux ont vu mon Sauveur. Bénissez-moi de telle sorte, que pendant les jours de ma jeunesse & pendant tout le cours de ma vie, je me souvienne de vous, qui êtes mon Créateur & mon Rédempteur, & que je prenne bien garde de ne vous offenser jamais, ô Jésus mon Sauveur, qui êtes aussi mon Dieu.

En retournant dans sa maison.

Tous les Anges & tous les Saints, bénissez le Seigneur, de ce qu'il a institué un sacrifice si admirable. Mon ame, bénissez-le aussi avec eux, & que tout ce qui est au-dedans de moi, loue son Saint Nom. Seigneur, mon Dieu, soyez béni de la grace que vous m'avez faite de connoître cet auguste mystere, & d'y assister aujourd'hui. Ô Dieu de bonté, qui multipliez sur moi vos faveurs les plus précieuses, je veux vous aimer de tout mon cœur, de toute mon ame, de de toutes mes forces, je confens de fouffrir toutes les miféres, & même de mourir plutôt que de vous offenfer jamais. Affermiffez en moi une fainte réfolution, ô Dieu, Pere, Fils & Saint-Efprit, auquel foit rendue toute la gloire par les Saints Anges & par les hommes, à préfent & dans l'Éternité.

PETIT EXERCICE
DU CHRETIEN,

Pour régler les principales actions d'un Enfant chrétien, pendant la journée.

LE matin à son réveil, il faut faire le signe de la Croix, & dire : Mon Dieu, je vous donne mon cœur ; recevez-le, s'il vous plaît, & faites par votre sainte grace que nulle créature le possède.

Etant sorti du lit, il faut s'habiller modestement ; & pendant qu'on s'habille, il est bon de dire : Faites-moi la grace, ô mon Sauveur Jesus-Christ, de me dépouiller du vieil homme, en renonçant à toutes ses passions, & de me revêtir du nouveau, en marchant comme vous dans la justice & dans la sainteté.

Lorsqu'on est habillé, il faut prendre de l'Eau bénite, se mettre à genoux devant quelqu'Image, & faire sa Prière.

Priere qui peut servir le matin et le soir.

Esprit Saint, venez en nous, & remplissez nos cœurs de votre amour, afin que, par votre secours, nous fassions notre priere avec la piété, l'attention & le respect que nous devons à notre Dieu, à notre Pere & à notre Juge, à qui nous osons l'adresser, par Jesus-Christ notre Seigneur, qui vit & regne dans tous les siecles des siecles. Ainsi soit-il.

Acte de Contrition.

Mon Dieu, j'ai un grand regret

de vous avoir offensé, parce que vous êtes infiniment bon, infiniment aimable, et que le péché vous déplaît; je me propose fermement, avec le secours de votre sainte grace, de m'en corriger.

Je me confesse à Dieu, &c. Notre Pere, &c. Je crois en Dieu, &c.

Acte d'Adoration.

Mon Dieu, je vous adore & je vous reconnois pour mon Créateur, mon souverain Seigneur, & ma derniere fin.

Acte de Foi.

Mon Dieu, je crois fermement tout ce que votre Sainte Eglise Catholique croit, parce que c'est vous, ô Vérité infaillible! qui l'avez dit.

Je crois en Dieu, &c.

Acte d'Espérance.

Mon Dieu, j'espère le pardon de mes péchés, & mon salut par votre miséricorde, & par les mérites infinis de Notre-Seigneur Jesus-Christ, mon Sauveur.

Notre Pere, &c.

Acte de Charité.

Mon Dieu, faites-moi la grace de vous aimer de tout mon cœur, de toute mon ame, de toutes mes forces, & mon prochain comme moi-même pour l'amour de vous.

Les Commandemens de Dieu & de l'Eglise, &c.

Acte de Remerciement.

Mon Dieu, je vous remercie très-humblement de toutes les graces que j'ai reçues de votre libérale bonté pendant toute ma vie, &

particulièrement cette derniere nuit.

Acte d'Offrande.

Mon Dieu, je vous offre mes pensées, mes paroles & mes actions : je desire qu'elle soient toutes pour votre plus grande gloire. J'accepte, ô mon Dieu, tout ce qu'il vous plaira que je souffre aujourd'hui, en l'honneur & l'union de tout ce que mon Sauveur Jesus-Christ a souffert pour moi.

Acte d'Humilité.

Je ne suis rien, je ne puis rien, je ne vaux rien sans votre miséricorde.

Seigneur, daignez pendant ce jour, ℟. Nous préserver de tout péché.

Ayez pitié de nous, Seigneur, ℟. Ayez pitié de nous.

Que votre miséricorde, ô mon Dieu, se répande sur nous, ℟. Selon l'espérance que nous avons mise en votre bonté.

Seigneur, exaucez ma priere, ℟. Et que mes cris s'élèvent jusqu'à vous.

Prions.

Seigneur, Dieu Tout-Puissant, qui nous avez fait arriver au commencement de ce jour, par votre puissance infinie, afin que nous ne tombions en aucun péché en nous détournant de vos voies ; mais que nos pensées, nos paroles & nos actions, ne tendent toutes qu'à l'accomplissement des régles que votre justice nous prescrit : accordez-nous cette grace par Jesus-Christ Notre Seigneur. Ainsi soit-il.

Le soir, avant la Prière, prendre de l'Eau bénite, se mettre à genoux, & dire les Prieres comme le matin ; & dire l'*Acte* de Contrition, faire son examen de conscience, & dire le reste comme le matin, jusqu'à l'Oraison ; au lieu de laquelle on dira la suivante.

PRIONS.

Nous vous supplions, Seigneur, de visiter cette demeure, & d'en éloigner toutes les embûches du démon, notre ennemi. Que vos saints Anges y habitent pour nous conserver en paix, & que votre Bénédiction demeure toujours sur nous, par Jesus-Christ N. S. Ainsi soit-il.

Invocation de la Sainte Vierge, de nos Anges Gardiens & de tous les Saints.

Prions.

Accordez-nous, s'il vous plaît, Seigneur Dieu, à nous qui sommes vos serviteurs, une santé perpétuelle de corps & d'esprit; & que par l'intercession de la Sainte & glorieuse Marie toujours Vierge, nous soyons delivrés des afflictions présentes, & jouissions un jour des joies éternelles.

Mon Dieu, qui, par votre Providence ineffable, avez daigné envoyer vos Anges pour notre garde, accordez à nos très-humbles prieres, que nous soyons toujours secourus ici bas de leur puissante protection, & que nous soyons dans le Ciel les compagnons de leur félicité éternelle.

Nous vous prions, Seigneur, que tous vos Saints nous affiftent en quelque lieu que nous foyons, afin qu'honorant leurs mérites, nous obtenions de votre bonté, par leur puiffante interceffion, le fecours de votre grace qui les a fanctifiés dans ce monde, & la participation de la gloire dont ils jouiffent dans l'autre, par Jefus-Chrift notre Seigneur. Ainfi foit-il.

Prions pour nos parens, amis, bienfaiteurs, & généralement pour tous les Fidèles vivans ou morts.

Dieu tout puiffant & éternel, qui êtes le fouverain maître des vivans & des morts, & qui faites miféricorde à tous ceux que vous connoiffez devoir être du nombre de vos

Elus par leur foi & leurs bonnes œuvres, nous vous supplions avec une humilité profonde, que ceux pour qui nous vous offrons des prieres, soit qu'ils soient encore en ce monde environnés d'une chair mortelle, ou que dépouillés de leurs corps, ils soient passés dans une autre vie, obtiennent de votre bonté par l'intercession de tous vos Saints, la rémission de leurs péchés, par Jesus-Christ notre Seigneur. Ainsi soit-il.

Que le Seigneur dispose de nos jours, & qu'il établisse nos actions dans sa sainte paix. Que le Seigneur nous bénisse, & nous préserve de tout mal, qu'il nous conduise à la vie éternelle ; & que les ames des Fidèles, qui sont morts, reposent en paix par sa miséricorde. Ainsi soit-il.

Le soir il faut dire :

Que le Seigneur tout-puissant & tout miséricordieux, le Pere, le Fils & le Saint-Esprit, nous donne une nuit tranquille & une heureuse fin ; qu'il nous bénisse & nous protége toujours. Ainsi soit-il.

Au nom du Pere, &c.

Avant la lecture.

Mon Dieu, je vous offre la lecture que je vais faire, donnez-y votre bénédiction.

Avant le repas.

Bénissez : ℟. Que ce soit le Seigneur ; que la main de Jesus-Christ nous bénisse, & la nourriture que nous allons prendre. Au nom du Pere, & du Fils, & du Saint-Esprit. Ainsi soit-il.

Après le repas.

Nous vous rendons graces pour tous vos bienfaits, & principalement pour la nourriture que vous venez de nous donner, ô Dieu tout-puissant, qui vivez & régnez dans tous les siecles des siecles. Ainsi soit-il.

Que les ames des Fideles reposent en paix par la miséricorde de Dieu.

Quand l'heure sonne.

Mon Dieu, faites-moi la grace de ne vous point offenser.

Lorsqu'on sonne le matin, à midi & le soir pour la salutation Angélique.

L'Ange du Seigneur annonça à Marie qu'elle seroit la Mere du Sauveur, & elle conçut par l'opération du Saint-Esprit. Je vous salue, Marie, &c. Je suis la servante du Seigneur : qu'il me soit fait suivant votre parole. Je vous salue, Marie, &c. Et le Verbe s'est fait chair, & il a habité parmi nous. Je vous salue, Marie, &c.

PRIONS.

Répandez, s'il vous plaît, Seigneur, votre grace dans nos ames; afin qu'ayant connu l'Incarnation de Jesus-Christ votre Fils, par l'Ange qui l'annonça, nous arrivions par les mérites de sa Mort & Passion, à la gloire de sa résurrection, par le même Jesus-Christ notre Seigneur. Ainsi soit-il.

En entrant dans l'Eglise, il faut prendre de l'Eau bénite, se mettre à genoux, & adorer le Très-Saint Sacrement.

Acte d'Adoration envers Jesus Christ.

Mon Seigneur & mon Dieu,

Jesus, Fils de David, Christ, Fils du Dieu vivant, je vous adore ; je crois fermement que vous êtes présent au Saint Sacrement de l'Autel, j'espere que vous me ferez miséricorde, que vous me donnerez votre grace en cette vie & votre gloire en l'autre. Faites-moi la grace de vous aimer de tout mon cœur, & de plutôt mourir que de vous offenser.

Acte d'Humilité envers Jesus-Christ.

Seigneur, je ne suis pas digne que vous entriez dans mon cœur, mais dites seulement une parole, & mon ame sera guérie.

Acte d'Action de graces envers Jesus-Christ.

Que rendrai-je au Seigneur, pour tous les biens qu'il m'a faits ?

e prendrai le Calice du salut, & j'invoquerai son Saint Nom

A l'Élévation du Calice.

O Précieux Sang! qui avez été répandu pour nous sur la Croix, je vous adore, je vous crois véritablement dans ce Calice; je suis prêt à répandre mon sang pour l'amour de vous. Guérissez moi, purifiez-moi, sanctifiez-moi.

Le soir, avant de se coucher, il faut prendre de l'Eau-bénite, faire la Prière en commun comme le matin, examiner sa conscience, & faire un Acte de Contrition, ensuite se déshabiller & se coucher modestement; faire le signe de la Croix, & dire: Je remets, mon Dieu, mon ame entre vos mains.

FIN.

A EVREUX, de l'Imprimerie d'ANCELLE, fils.

ABRÉGÉ
DE LA
DOCTRINE CHRÉTIENNE.

Demande. Qui a fait le monde? *Réponse.* C'eſt Dieu, qui l'a fait de rien.

D. Pourquoi Dieu a-t-il fait le monde? *R.* Dieu l'a fait pour ſa gloire.

D. Qui conſerve & gouverne le monde? *R.* C'eſt Dieu qui le conſerve & le gouverne.

D. Qui nous a créés & mis au monde. *R.* C'eſt Dieu qui nous a créés & mis au monde.

D. Pourquoi nous a t-t il mis au

monde ? R. Pour le connoître, l'aimer, le servir en ce monde, & jouir éternellement de lui en l'autre.

D. Qu'est-ce que Dieu ? R. C'est un Esprit infiniment parfait, Créateur du ciel & de la terre, & le Seigneur souverain de toutes choses.

D. Dieu a-t-il toujours été ? R. Oui, Dieu a toujours été, il n'a jamais eu de commencement, & il n'aura jamais de fin.

D. Où est Dieu ? R. Dieu est par-tout.

D. Si Dieu est par-tout, pourquoi ne le voyons nous pas ? R. Parce que c'est un pur esprit que nous ne pouvons voir par les yeux du corps.

D. Dieu nous voit-il, quoique nous ne le voyons pas ? R. Dieu voit tout, jusqu'aux plus secretes pensées de nos cœurs.

D. Y a-t-il plusieurs Dieux ?
R. Non, il n'y a qu'un seul Dieu.

D. Combien y a-t-il de Personnes en Dieu ? R. Il y en a trois ; le Père, le Fils, & le Saint-Esprit.

D. Le Pere est-il Dieu ? R. Oui.

D. Le Fils est-il Dieu ? R. Oui.

D. Le Saint-Esprit est-il Dieu ? R. Oui.

D. Sont-ce trois Dieux ? R. Non, ces trois personnes ne font qu'un seul & même Dieu.

D. Pourquoi ces trois Personnes ne font-elles qu'un seul & même Dieu ? R. Parce qu'elles n'ont qu'une même nature & une même Divinité.

D. Laquelle de ces trois Personnes est la plus grande, la plus ancienne & la plus puissante ? R. Elles sont égales en toutes choses.

D. Comment appellez-vous ce

Myſtere ? R. Ce Myſtere s'appelle la très-ſainte Trinité.

D. Qu'eſt-ce que la très-ſainte Trinité ? R. C'eſt un ſeul Dieu en trois perſonnes ; le Pere, le Fils, & le Saint-Eſprit.

D. Laquelle de ces trois Perſonnes s'eſt faite homme ? R. C'eſt la ſeconde Perſonne, qui eſt le Fils de Dieu.

D. Le Pere & le Saint-Eſprit ſe ſont-ils auſſi faits hommes ? R. Non, parce qu'il n'y a que le Fils qui ait uni ſubſtantiellement à ſa perſonne la nature humaine.

D. Pourquoi le Fils de Dieu s'eſt-il fait homme, & non pas le Pere, & le Saint-Eſprit ? R. C'eſt qu'il étoit convenable que le monde fut réparé par celui par qui il avoit été fait

D. Qu'eſt-ce à dire ſe faire homme?

R. C'est de prendre un corps & une ame comme nous.

D. Le Fils de Dieu n'a-t-il pas toujours été homme ? *R.* Le Fils de Dieu n'a pas toujours été homme, mais il a toujours été Dieu.

D. Le Fils de Dieu a-t-il cessé d'être Dieu en se faisant homme ? *R.* Non, il est Dieu & homme tout ensemble, & le sera éternellement.

D. Comment s'appelle le Fils de Dieu fait homme ? *R.* Il s'appelle Jesus-Christ notre Seigneur.

D. Qu'est-ce que Jesus-Christ ? *R.* Jesus-Christ est le Fils de Dieu qui s'est fait homme.

D. Jesus-Christ a-t-il toujours été ? *R.* Jesus-Christ, comme Dieu, a toujours été, mais comme homme, il n'a pas toujours été.

D. Jesus-Christ étoit-il avant le

monde ? R. Jesus-Chrift, en tant que Dieu, a été avant le monde : mais en tant qu'homme, il n'a pas été avant le monde.

D. Jesus-Chrift eft-il par-tout ? R. Jesus-Chrift, comme Dieu, eft par-tout ; & comme Dieu fait homme, il eft au Ciel & au faint-Sacrement de l'autel.

D. De qui Jesus-Chrift eft-il Fils, en tant que Dieu ? R. Jesus-Chrift, en tant que Dieu, eft Fils de Dieu le Pere dans l'éternité.

D. De qui Jesus-Chrift eft-il Fils, en tant qu'homme ? R. Jesus-Chrift, en tant qu'homme, eft Fils de la Vierge Marie dans le temps.

D. Le Fils de Dieu & le Fils de Marie, font-ce deux Perfonnes, R. Non, le fils de Dieu & le fils de Marie n'eft qu'une même perfonne & un même Jesus-Chrift.

D. Comment le fils de Dieu s'est-il fait homme ? *R.* En prenant une ame & un corps semblable au nôtre dans le sein de Marie.

D. Qui a formé le corps de Jesus-Christ dans le sein de Marie ? *R.* C'est le Saint-Esprit.

D. Pourquoi est-ce que le fils de Dieu s'est fait homme ? *R.* Pour nous racheter du péché & de l'enfer.

D. Comment est-ce que notre Seigneur Jesus-Christ nous a rachetés du péché & de l'enfer ? *R.* En mourant pour nous sur la croix.

D. Etions-nous perdus ? *R.* Oui, nous étions perdus par le péché d'Adam notre premier pere.

D. Quel est l'effet du péché d'Adam ? *R.* C'est d'être conçu & né dans le péché.

D. Quel jour le Fils de Dieu s'est il

fait homme ? *R.* Le jour de l'Annonciation de la sainte Vierge, le vingt-cinq de Mars.

D. Quel jour est-il né ? *R.* Le jour de Noël.

D. En quel état Jesus-Christ a t-il voulu naître ? *R.* Jesus-Christ a voulu naître de parens pauvres, dans un misérable état, pauvrement.

D. Quel jour a-t-il été circoncis & nommé Jesus ? *R.* Le premier jour de l'année, huit jours après sa naissance.

D. Que signifie le nom de Jesus ? *R.* Il signifie Sauveur.

D. Quel jour a t-il été adoré des Rois ? *R.* Le jour des Rois, le sixiéme jour de janvier.

D. Comment Jesus-Christ a-t-il passé sa vie jusqu'à l'âge de trente ans ? *R.* Dans la retraite, l'obéissance, la priere & le travail.

D. Comment Jesus-Chrift a-t-il paffé les trois dernieres années de fa vie ? *R.* Prêchant l'Evangile, vivant pauvrement, & faifant de grands miracles, & du bien à tout le monde.

D. Quel jour a-t-il inftitué le Sacrement de l'Euchariftie? *R.* Le Jeudi faint, la veille de fa paffion.

D. Quel jour eft-il mort ? *R.* Le Vendredi-Saint.

D. Comment eft-il mort? *R.* Par le cruel fupplice de la Croix.

D. Quel jour eft-il reffufcité ? *R.* Le jour de Pâques, trois jours après fa mort.

D. Les autres hommes reffufciteront-ils auffi ? *R.* Oui, tous les hommes, bons & mauvais, reffufciteront pour comparoître au dernier Jugement de Dieu.

D. Que deviendront-ils après le

dernier jugement ? *R.* Les juftes iront au Ciel en corps & en ame, pour régner & être bienheureux à jamais en Jefus-Chrift. Les méchans defcendront en enfer en corps & en ame, pour être tourmentés éternellement.

D. N'y a-t-il pas un troifieme lieu où vont quelques ames après la mort ? *R.* Oui, il y a un Purgatoire où vont les ames de ceux qui font morts en la grace de Dieu, & qui n'ont pas achevé de fatisfaire à fa juftice.

D. Pourquoi croyez-vous ces myfteres ? *R.* Parce que Dieu même les a révélés.

D. A qui les a-t il révélés ? *R.* A fon Eglife.

D. Qu'eft-ce que l'Eglife ? *R.* C'eft l'affemblée des Fideles, qui fous la conduite des Pafteurs légitimes, ne font qu'un même corps, dont Jesus-Christ est le chef.

D. Quelles sont les marques de la véritable Eglise ? R. Elle est Une, Sainte, Catholique & Apostolique.

D. Cette Eglise peut elle errer ? R. Non, car elle est assistée & animée par le Saint-Esprit.

D. Quel jour notre Seigneur est-il monté au Ciel ? R. Le jour de l'Ascension, quarante jours après sa Résurrection.

D. Quel jour a-t-il envoyé son Saint-Esprit à son Eglise ? R. Le jour de la Pentecôte.

D. Puisque Jesus-Christ est monté au Ciel, il n'est donc plus sur la terre ? R. Il y est encore.

D. Où est-il ? R. Au Saint Sacrement de l'Autel.

D. Notre-Seigneur quitte-t-il le

Ciel pour venir au Saint Sacrement de l'Autel ? R. Non, il se trouve en même temps au Ciel & au Saint Sacrement de l'Autel, sous les espèces du pain & du vin.

D. Comment toutes ces merveilles se peuvent-elles faire ? R. Par la toute-puissance de Dieu.

D. Combien y a-t-il de Sacremens dans l'Eglise ? R. Il y en a sept : le Baptême, la Confirmation, l'Eucharistie, la Pénitence, l'Extrême-Onction, l'Ordre & le Mariage.

D. Qui les a institués ? R. C'est notre Seigneur Jesus-Christ, pour notre sanctification.

D. Qu'est-ce que le Baptême ? R. C'est un Sacrement qui efface le péché originel, nous fait Chrétiens & enfans de Dieu & de l'Eglise.

D. Qu'est-ce que la Confirmation ? R. C'est un Sacrement qui nous donne le Saint-Esprit avec l'abondance de ses graces, pour nous rendre parfaits Chrétiens, & nous faire confesser la foi de Jesus-Christ, même au péril de notre vie.

D. Qu'est-ce que l'Euchariftie ? R. C'est un Sacrement qui contient réellement & en vérité le Corps, le Sang, l'ame & la Divinité de Jesus-Christ, sous les espèces du pain & du vin.

D. Qu'est-ce que la Messe ? R. La Messe est le sacrifice non sanglant du Corps & du Sang de Jesus Christ, que l'Eglise offre à Dieu, sous les apparences du pain & du vin, ce Sacrement est une continuation du Sacrifice de la Croix.

D. Comment faut il assister au saint Sacrifice de la Messe ? R. Avec modestie, attention & dévotion.

D. Qu'est-ce que le Sacrement de Pénitence ? *R.* C'est un Sacrement qui efface les péchés commis après le Baptême.

D. Que faut-il faire pour bien recevoir le Sacrement de *Pénitence ? R.* Il faut faire cinq choses : la première, il faut examiner sa conscience ? la seconde, avoir un grand regret d'avoir offensé Dieu ; la troisième, prendre une ferme résolution de changer de vie, & de ne point tomber dans le péché ; la quatrième, de confesser tous ses péchés à un Prêtre ; la cinquième, faire la pénitence que le Prêtre impose.

D. Qu'est-ce que l'Extrême-Onction ? *R.* C'est un Sacrement établi pour le soulagement spirituel & corporel des malades.

D. Qu'est-ce que l'Ordre ? *R.* C'est

de la Doctrine Chrétienne. 63

un Sacrement qui donne la grace d'exercer faintement les fonctions Eccléfiaftiques.

D. Qu'eft-ce que le Mariage ?
R. C'eft un Sacrement qui unit l'homme & la femme pour vivre faintement enfemble, & élever leurs enfants chrétiennement.

D. Qu'eft-ce que le péché ?
R. C'eft une défobéiffance à la Loi de Dieu.

D. Combien y a-t-il de fortes de péchés ? *R.* Il y en a de deux fortes, le péché Originel, & le péché Actuel.

D. Qu'eft-ce que le péché Originel ? *R.* C'eft celui qui vient d'Adam, dans lequel nous fommes conçus, & avec lequel nous naiffons.

D. Qu'eft-ce que le péché Actuel? *R.* C'eft toutes penfées, toutes paroles, & toutes actions faites contre la Loi de Dieu par notre propre volonté.

D. Combien y a-t-il de fortes de péchés Actuels ? R. Il y en a de deux fortes ; le péché Mortel & le péché Véniel.

D. Qu'est-ce que le péché Mortel ? R. C'est une désobéissance à la Loi de Dieu en choses importantes, avec un parfait consentement.

D. Pourquoi l'appelle-t-on Mortel ? R. Parce qu'il donne la mort à l'ame, en lui ôtant la grace de Dieu.

D. L'ame peut-elle mourir ? R. L'ame meurt spirituellement, quand elle perd la grace de Dieu qui est sa vie.

D. Quel est l'effet du péché Mortel ? R. C'est de nous faire perdre la grace

grace de Dieu, & nous rendre dignes de la damnation éternelle.

D. Peut-on être damné pour un seul péché mortel ? R. Oui, il n'en faut qu'un seul pour nous damner.

D. Qu'eſt-ce que le péché Véniel ? R. C'eſt une déſobéiſſance à la Loi de Dieu en choſes légère.

D. Quel eſt l'effet du péché Véniel ? R. Il met obſtacle aux graces de Dieu, refroidit l'ame dans la charité, & la diſpoſe au péché mortel.

D. Combien y a-t-il de péchés Capitaux d'où proviennent tous les autres péchés ? R. Il y en a ſept, qui ſont l'Orgueil, l'Avarice, l'Impureté, l'Envie, la Gourmandiſe, la Colère & la Pareſſe.

D. Qu'eſt-ce que l'Orgueil ? R. C'eſt un amour déréglé de ſoi-même.

E.

D. Qu'est-ce que l'Avarice ?
R. C'est un amour déréglé des biens temporels.

D. Qu'est-ce que l'Impureté ?
R. C'est un amour déréglé des plaisirs de la chair & des sens.

D. Qu'est-ce que l'Envie ? R. C'est une tristesse des biens de notre prochain.

D. Qu'est-ce que la Gourmandise ? R. C'est un amour du plaisir dans le boire & le manger.

D. Qu'est-ce que la Colère ?
R. C'est un mouvement de l'ame qui se porte à la vengeance.

D. Qu'est-ce que la Paresse ?
R. C'est un amour déréglé de son repos, & la négligence qu'on a de ses obligations.

D. Quels sont les péchés que commettent ordinairement les enfans, & qu'ils doivent éviter ? R. Ce sont les mensonges, les désobéissances, les colères, les querelles avec leurs frères, sœurs, & avec leurs compagnons, les petits larcins, les trocs, la trop grande inclination au jeu, la négligence à prier Dieu matin & soir, les immodesties dans l'Eglise, les absences dans l'Ecole, les fréquentations des libertins, les paroles & les actions deshonnêtes, la gourmandise, la friandise, &c.

D. Qu'est-ce que la grace ? R. C'est un don surnaturel qui nous est accordé par les mérites de Jesus-Christ, pour opérer notre salut.

D. Qu'est ce que la prière ? R. C'est une élévation de notre cœur à Dieu, pour lui rendre nos devoirs, & lui demander nos besoins.

D. Qu'eſt-ce que la Vertu ?
R. C'eſt un don de Dieu, qui nous donne le pouvoir de pratiquer le bien.

D. Combien y a-t-il de Vertus ?
R. Il y en a de deux ſortes ; les Vertus Théologales, & les Vertus Morales.

D. Combien y a-t-il de Vertus Théologales ? R. Trois ; ſçavoir, la Foi, l'Eſpérance & la Charité.

D. Qu'eſt ce que la Foi ? R. C'eſt une vertu par laquelle nous croyons fermement en Dieu, & à tout ce qu'il a révélé à ſon Egliſe.

D. Qu'eſt-ce que l'Eſpérance ?
R. C'eſt une vertu par laquelle nous déſirons Dieu comme notre ſouverain bien, & attendons de ſa bonté les moyens néceſſaires pour arriver à lui.

D. Qu'est-ce que la Charité ? R. C'est une vertu par laquelle nous aimons Dieu plus que toutes choses; & le prochain comme nous-mêmes pour l'amour de Dieu.

D. Combien y a-t-il de Vertus Morales ? R. Quatre ; sçavoir : la Prudence, la Justice, la Force & la Tempérance.

D. Qu'est ce que la Prudence ? R. C'est une vertu qui enseigne ce qu'il faut faire, & ce qu'il faut éviter.

D. Qu'est-ce que la Justice ? R. C'est une vertu qui nous fait rendre à chacun ce qui lui appartient.

D. Qu'est ce que la Force? R. C'est une vertu qui donne à l'ame de la fermeté pour supporter avec confiance les afflictions de cette vie.

D. Qu'est-ce que la Tempérance?

R. C'est une vertu qui regle l'usage que nous devons faire des plaisirs & des biens de cette vie.

D. Y a-t-il encore d'autres vertus Morales ? R. Il y en a plusieurs autres, dont les principales sont l'Humilité, la Religion, la Piété, l'Obéissance, la Libéralité, la Reconnoissance, la Simplicité, la Douceur, l'Affabilité, l'Innocence, la Patience, le Silence, la Modestie, l'Abstinence, la Chasteté, l'Esprit de Pénitence, l'Amour du Travail, l'Amour de la Paix, l'Esprit de Pauvreté, &c. Il faut pratiquer toutes ces vertus dans l'Esprit de Jesus-Christ.

D. Pouvons nous pratiquer toutes ses vertus sans la grace de Dieu ? R. Non, nous ne pouvons rien, nous n'avons rien, nous ne sommes rien pour la vie éternelle, sans la grace de Dieu.

D. Combien y a-t-il de choses qui rendent l'homme heureux, & qui lui donnent l'espérance au bonheur éternel? R. Il y a huit choses, qu'on appelle les huit Béatitudes.

Sçavoir : 1. Bienheureux sont les pauvres d'esprit, parce que le royaume des Cieux est à eux.

2. Bienheureux ceux qui sont doux, parce qu'il posséderont la terre.

3. Bienheureux ceux qui pleurent, parce qu'ils seront consolés.

4. Bienheureux ceux qui ont faim & soif de la justice, parce qu'ils seront rassasiés.

5. Bienheureux ceux qui sont miséricordieux, parce qu'on leur fera miséricorde.

6. Bienheureux ceux qui ont le cœur pur, parce qu'ils verront Dieu.

7. Bienheureux les pacifiques

parce qu'ils seront appellés enfans de Dieu.

8. Bienheureux ceux qui souffrent persécution pour la justice, parce que le royaume des cieux est à eux.

D. Qu'entendez-vous par les pauvres d'esprit ? R. 1.° Jesus-Christ entend les humbles. 2.° Les pauvres qui vivent contens dans leur pauvreté. 3.° Les riches qui sont détachés de leurs richesses.

D. Qu'entendez-vous par ceux qui sont doux ? R. Ce sont ceux qui n'ont point d'amertume, qui ne sont point querelleurs, qui n'aiment point à se plaindre & à murmurer.

D. Qu'entendez vous par ceux qui pleurent ? R. 1.° Ceux qui gémissent de leurs propres péchés ou des péchés des autres; 2.° Ceux qui menent une vie pénitente; 3.° Ceux qui souffrent pour l'amour de Dieu les afflictions de cette vie.

D. Qu'entendez-vous par ceux qui ont faim & soif de la justice ? R. Ce sont ceux qui souhaitent avec ardeur d'être justes & agréables à Dieu, & qui travaillent à s'avancer dans la perfection.

D. Qu'entendez-vous par ceux qui sont miséricordieux ? R. Ce sont ceux qui assistent leur prochain, autant qu'ils le peuvent, dans ses besoins spirituels & corporels ; qui compatissent à ses besoins, qui les supportent, qui les excusent ; & ceux qui pardonnent les injures.

D. Qu'entendez-vous par ceux qui ont le cœur pur ? R. Ce sont ceux qui ont le cœur détaché de tout péché, & qui travaillent à réprimer la concupiscence.

D. Qu'entendez-vous par les pacifiques ? R. Ceux qui font les maîtres de leurs paffions, qui vivent en paix avec eux-mêmes, avec le prochain, avec Dieu ; & qui tâchent de procurer aux autres cette même paix.

D. Qu'entendez-vous par ceux qui fouffrent perfécution ? R. Ce font ceux qui font haïs, ou maltraités, ou calomniés, ou méprifés pour la vérité, pour la juftice, ou parce qu'ils font leur devoir.

D. Combien y a-t-il de dons du Saint-Efprit ? R. Il y en a fept ; Sageffe, Science, Intelligence, Confeil, Force, Piété, & Crainte de Dieu.

La Sageffe eft un don du Saint-Efprit, qui nous détache du monde, & nous attache à Dieu.

La Science eft un don qui nous

fait voir le chemin qu'il faut suivre, & les dangers qu'il faut éviter pour arriver au Ciel.

L'Intelligence est un don qui nous fait comprendre les vérités & les mysteres de la Religion.

Le Conseil est un don qui nous fait toujours choisir ce qui contribue le plus à la gloire de Dieu & à notre salut.

La Force est un don qui nous fait surmonter courageusement tous les obstacles & toutes les difficultés qui s'opposent à notre salut.

La Piété est un don qui nous porte à faire avec plaisir & facilité tout ce qui est du service de Dieu.

La crainte de Dieu est un don qui nous inspire du respect pour Dieu, mêlé d'amour, & qui nous fait appréhender de lui déplaire.

D. Combien y a-t-il d'œuvres de

miséricorde ? R. Il y en a quatorze, sept corporelles, & sept spirituelles.

D. Qu'elles sont les sept corporelles ? R. Ce sont : Donner à manger à ceux qui ont faim : Donner à boire à ceux qui ont soif : Vêtir les nuds : Racheter les Captifs : Visiter les malades : Loger les Pélerins : Ensevelir les morts.

D. Quelles sont les sept œuvres de miséricorde spirituelles ? R. Ce sont : Corriger les méchans : Instruire les ignorans : Donner conseil à ceux qui en ont besoin : Prier pour les pécheurs : Consoler les affligés : Porter en paix les injures ; & pardonner les offenses.

D. Combien y a-t-il de principaux Mysteres de la Religion ? R. Il y a cinq principaux Mysteres de la Religion ; savoir, le Mystere de la sainte Trinité, de l'Incarnation du Fils du Dieu, de la Rédemption des hommes, de la Résurrection de Jesus-Christ, & de son Ascension.

D. Qu'est-ce que le Mystere de la sainte Trinité ? R. C'est un seul Dieu en trois Personnes.

D. Qu'est-ce que le Mystere de l'Incarnation du Fils de Dieu ? R. C'est le Fils de Dieu fait homme.

D. Qu'est-ce que le Mystere de la Rédemption des hommes ? R. C'est Jesus-Christ mort en croix pour nous.

D. Qu'est-ce que le Mystere de la Résurrection de Jesus-Christ ? R. C'est Jesus-Christ ressuscité.

D. Qu'est-ce que le Mystere de son Ascension ? R. C'est Jesus Christ monté au Ciel.

D. Combien y a-t-il de Fins dernieres ? R. Il y en a quatre : la Mort, le Jugement, le Paradis, & l'Enfer.

D. Etes-vous Chrétien? R. Oui, je le suis par la grace de Dieu.

D. Qu'est-ce qu'un Chrétien? R. Un Chrétien est celui qui étant baptisé, croit & fait profession de la Doctrine Chrétienne.

D. En quoi consiste la vie Chrétienne? R. Elle consiste, 1.° A croire en Dieu, 2.° A espérer en sa miséricorde, 3.° A aimer Dieu sur toutes choses, & le prochain comme soi-même, 4.° A observer ses Commandemens, 5.° A faire pénitence, 6.° A travailler sérieusement à son salut.

D. Quel est la marque d'un Chrétien? R. C'est le signe de la Croix.

D. Faites le signe de la Croix. R. In nomine Patris, & Filii, & Spiritûs sancti. Amen. (*ou bien*) Au nom du Pere, & du Fils, & du Saint-Esprit. Ainsi soit-il.

D. Pourquoi faisons-nous le signe de la Croix ? R. C'est pour marquer que toutes nos actions doivent être consacrées aux trois Personnes divines, & que nous devons être les Disciples de Jesus-Christ crucifié.

D. Qu'est-ce que la Doctrine Chrétienne ? R. C'est celle que notre Seigneur Jesus-Christ a enseignée à ses Apôtres, & que les Apôtres ont enseignée aux Fideles.

D. Faut-il savoir la Doctrine Chrétienne ? R. Oui, si nous voulons être sauvés.

D. Que deviendront ceux qui ne savent pas la Doctrine Chrétienne ? R. Ceux-là périront pour une éternité.

D. Et ceux qui la savent ? R. Ceux qui savent la Doctrine Chrétienne & la pratiquent, seront éternellement heureux.

D. Et ceux qui l'auront pratiquée & enseignée ? R. Celui qui aura fait & enseigné, dit Jesus-Christ, sera grand dans le royaume du Ciel.

D. Où enseigne t on la Doctrine Chrétienne ? R. C'est principalement au Catéchisme.

D. Est-on obligé d'assister au Catéchisme ? R. Oui, ceux qui ne sont pas suffisamment instruits des vérités de la Religion, y sont obligés.

D. En quoi consiste ce qu'on est principalement obligé d'apprendre au Catéchisme pour être sauvé ? R. Il consiste en trois choses : 1.º A connoître Dieu, 2.º A connoître Jesus-Christ, 3.º A se connoître soi-même.

D. Qu'est-ce que le Catéchisme ? R. C'est une instruction familiere, où nous apprenons à connoître Dieu & à le servir.

D. Comment faut-il venir au Catéchisme ? R. Avec affection & desir d'en profiter.

D. Que faut-il faire avant le Catéchisme? R. Prier Dieu dévotement, pour lui demander la grace de bien apprendre.

D. Que faut-il faire pendant le Catéchisme ? R. Ecouter avec attention & modestie.

D. Que faut-il faire après le Catéchisme ? R. Retenir ce que l'on a entendu, le pratiquer, & le rapporter à ceux de la maison qui n'ont pu y venir.

MAXIMES
TIRÉES

DE L'ECRITURE SAINTE.

ENFANS, obéissez à vos peres & à vos meres en ce qui est selon le Seigneur, car cela est juste. *Ephes. 5.*

Il faut plutôt obéir à Dieu qu'aux hommes. *Act. 5.*

Celui qui aime son pere & sa mere plus que moi, n'est pas digne de moi. *S. Matth. 10.*

Honorez votre pere & vôtre mere, afin que vous soyez heureux, & que vous viviez long-tems sur la terre. *Deut. 5.*

Maudit celui qui n'honore point son pere & sa mère. *Deut.* 27.

Celui qui outragera son pere & sa mere de paroles, est digne de mort. *Exod.* 21.

Celui qui frappera son pere & sa mere, est digne de mort. *Exod.* 21.

Mon fils, soulagez votre pere dans sa vieillesse, & ne l'attristez pas durant sa vie, car la charité que vous aurez eue pour votre pere, ne sera point mise en oubli devant Dieu. *Eccli.* 3.

Un enfant qui est sage, est la joie de son pere; & l'enfant insensé est la tristesse de sa mere. *Prov.* 20.

Corrigez votre fils, il vous consolera, & il deviendra les délices de votre ame. *Prov.* 15.

Le méchant se moque de la correction de son pere, mais celui qui se soumet au châtiment, en deviendra plus sage. *Prov.* 29.

L'enfant abandonné à sa volonté couvrira de confusion sa mere, & deviendra insolent. *Prov.* 29.

Ne rendez point votre fils maître de ses actions pendant qu'il est jeune & ne négligez point ce qu'il fait & ce qu'il pense. *Eccl.* 30.

Instruisez votre fils, & appliquez-vous à le former, de peur qu'il ne vous deshonore par sa vie honteuse. *Eccl.* 30.

L'enfant qui dérobe quelque chose à son pere & à sa mere, & qui dit que ce n'est pas un péché, a part au crime des homicides. *Prov.* 28.

Enfans, obéissez à vos supérieurs & soyez soumis à leurs ordres; car ce sont eux qui veillent pour le sa- de vos vos ames, comme devant en rendre compte à Dieu. *Hebr.* 13.

Celui qui aime à être repris, aime la science ; mais celui qui hait les réprimandes, s'égare. *Prov.* 10.

Celui qui est de Dieu, écoute les paroles de Dieu: c'est pour cela que vous ne les écoutez pas, parce que vous n'êtes pas de Dieu. *S. Jean.* 8.

Mon fils, demandez toujours conseil à un homme sage. *Tobie.* 4.

Portez honneur & respect à ceux qui ont des cheveux blancs. *Lev.* 19.

Celui qui fréquente des personnes sages, devient sage. *Prov.* 13.

Rendez-vous service les uns aux autres par un esprit de charité. *Galates.* 5.

Soyez toujours prêt à faire du bien à vos frères, & à tout le monde. 1. *Thess.* 5.

Edifiez vous les uns les autres,

F 3

rendez vous parfaits, & excitez-vous au bien. *2. Cor. 13.*

N'ayez point de liaison avec les méchans. *Prov. 7.*

Eloignez vous des mauvaises langues, & que les médisans soient loin de vous. *Eccl. 4.*

Mon fils, ayez Dieu présent dans l'esprit tous les jours de votre vie, & ne consentez jamais au péché ; & ne violez jamais les préceptes de la loi du Seigneur notre Dieu. *Tobie.*

Ceux qui commettent le péché, sont ennemis de leur ame. *Tobie. 12.*

Evitez le mal, & faites le bien, *Ps. 16.*

Celui qui commet le péché, est enfant du diable ; & celui qui est né de Dieu, ne commet point le péché. *1. Epitre S. Jean. 3.*

Tâchez d'avoir la paix avec tout le monde, & d'avoir la sainteté, sans laquelle personne ne verra Dieu. *Hebr.* 12.

Que votre lumiere luise devant les hommes, afin qu'ils voient vos bonnes œuvres, & qu'ils en glorifient votre Pere qui est dans le Ciel. *S. Matth.* 5.

Faites toutes vos actions dans un esprit de charité. *1. Cor.* 16.

Quiconque s'éleve, sera abaissé: & quiconque s'humilie, sera élevé. *S. Luc.* 14.

Celui qui a de la vanité & de l'orgueil, sera en abomination devant Dieu. *Prov.* 16.

Le jeune homme suit sa premiere voie dans sa vieillesse même, & ne la quittera point. *Prov.* 22.

Vous aimerez le Seigneur votre

Dieu de tout votre cœur, de toute votre ame, & de tout votre esprit. *Matth.* 22.

Vous adorerez le Seigneur votre Dieu, & ne servirez que lui seul. *S. Luc.* 4.

Sçachez que Dieu vous fera rendre compte au jour du jugement de toutes les choses que vous aurez faites dans votre jeunesse. *Eccles.* 11.

Craignez Dieu, & observez ses commandemens; car c'est là le tout de l'homme. *Eccles.* 12.

Si vous voulez entrer dans la vie éternelle, observez mes commandemens. *S. Matth.* 19.

Heureux ceux dont les mœurs & la vie sont pure, & qui se conduisent suivant la loi de Dieu. *Ps.* 118.

Rien ne manque à ceux qui craignent le Seigneur. *Pf. 33.*

Le juste est plus heureux avec le peu de bien qu'il possede, que les méchans avec leurs grands biens *Pf. 39.*

Mon fils, ne craignez point : il est vrai que nous sommes pauvres, mais nous aurons beaucoup de biens, si nous craignons Dieu, & nous nous éloignons de tout péché, & si nous faisons de bonnes actions. *Tobie. 4.*

Ne portez point envie aux méchans, & ne désirez point d'être comme eux. *Prov. 24.*

Les méchans & les scélérats périront ; & ceux qui abandonnent le Seigneur, seront consumés. *Isaïe. 1.*

Quand vous entrez dans la maison du Seigneur, considérez où vous êtes. *Eccles. 4.*

Tremblez devant mon Sanctuaire : car je suis le Seigneur votre Dieu. *Lévit. 19.*

Si quelqu'un profane le Temple de Dieu, Dieu le perdra. *1. Cor. 3.*

Veillez & priez, afin que vous ne succombiez pas à la tentation. *S. Matth. 26.*

Mon fils, avez-vous péché ? ne péchez plus : mais priez pour vos fautes passées, afin quelles vous soient pardonnées. *Eccl. 3.*

Après que vous aurez mangé, & que vous serez rassasié, bénissez le Seigneur votre Dieu, qui vous a donné tous ces biens. *Deut. 8.*

Soit que vous mangiez, soit que vous buviez, ou quelque chose que vous fassiez, faites tout pour la gloire de Dieu, & au nom de Jésus-Christ notre Seigneur, en rendant graces à Dieu le Pere par lui. 1. *Cor.* 10.

Le soir, le matin, & à midi, je raconterai & je chanterai les louanges du Seigneur; & il écoutera ma voix. *Pf.* 54.

Souvenez vous de sanctifier le jour du Sabbat. *Exod.* 20.

Faites de dignes fruits de pénitence. *S. Matth.* 3.

Je vous dis en vérité, que si vous ne vous convertissez, vous n'entrerez point dans le royaume des cieux. *S. Matth.* 18.

Si vous ne faites pénitence, vous périrez tous de la même maniere. *S. Luc.* 14.

Faites pénitence, & convertissez-vous, afin que vos péchés soient effacés. *Act.* 3.

Si nous confessons nos péchés, Dieu est fidele & juste pour nous les pardonner, & pour nous purifier de toute iniquité. *1. Ep. S. Jean. 1.*

Ne rougissez point, & n'ayez point de honte de confesser vos péchés, & ne vous soumettez point à toutes sortes de personnes pour le péché. *Eccl. 4.*

Vous aimerez votre prochain comme vous mêmes. *S. Matth. 22.*

Mes petits enfants, n'aimez point vos freres de paroles ni de langue, mais par des œuvres & en vérité. *1. Ep. St. Jean 3.*

Traitez les autres, comme vous voudriez en être traités; car c'est là toute la Loi & les Prophêtes. *Matth. 7.*

Vous ne déroberez point, & vous ne desirerez rien des biens de votre prochain. *Exod. 20.*

La crainte du Seigneur est le commencement de la sagesse : les méchans méprisent la sagesse & la science. *Prov.* 2.

Celui qui méprise la sagesse & l'instruction, est malheureux. *Sag.* 3.

C'est du Seigneur que vient toute la sagesse. *Eccl.* 2.

La sagesse n'entrera point dans une ame maligne, & elle n'habitera point dans un corps assujeti au péché. *Sag.* 1.

Pratiquez en toutes choses l'humilité, la douceur & la patience, en vous supportant les uns les autres avec charité. *Ephes.* 4.

Ecoutez avec docilité ce que l'on vous dit, afin de le bien comprendre, & de donner une réponse sage & juste. *Eccl* 5.

Ne répondez point avant que d'avoir écouté, & n'interrompez personne au milieu de son discours. *Eccl. 11.*

Instruisez-vous avant que de parler. *Eccl. 18.*

Ne jugez point, & vous ne serez point jugé, ne condamnez point, & vous ne serez point condamné. *Luc. 6.*

Mes enfans, ne parlez point mal des uns & des autres. Celui qui médit de son frère, & qui juge son frère, parle contre la loi. *S. Jac. 4.*

Que si quelqu'un aime la vie, & desire que ses jours soient heureux, qu'il empêche sa langue de médire & que ses lèvres ne prononcent pas des paroles trompeuses. *1. S. Pier. 3.*

Ne soyez point lâches dans votre devoir, & conservez vous dans la ferveur de l'esprit, considérant que c'est le Seigneur que vous servez. *Rom.* 12.

Faites avec plaisir & de bon cœur ce que vous ferez, comme le faisant pour le Seigneur. *Coloss.* 3.

Fuyez les disputes & les querelles *Tit.* 3.

Vous ne porterez point de faux témoignages contre votre prochain. *Exod.* 20.

Le faux témoin ne demeurera point impuni, & celui qui dit des mensonges périra. *Prov.* 16.

N'inventez point des faussetés contre vôtre frere, ni contre votre ami ; & donnez-vous de garde de faire aucun mensonge. *Eccl.* 7.

Aimez vos ennemis, faites du bien à ceux qui vous haïssent, bénissez ceux qui parlent mal de vous, &

priez pour ceux qui vous calomnient. *S. Luc. 6.*

Ne rendez à perſonne le mal pour le mal. *Rom. 12.*

Que toute aigreur, tout emportement & toute colère ſoient bannis d'entre vous. *Epheſ. 4.*

Ne cherchez point à vous venger, & ne conſervez point de ſouvenir de l'injure de vos compagnons. *Lév. 16.*

Oubliez toutes les injures que vous avez reçues de votre prochain ; & ne faites rien pour vous en venger. *Eccl. 10.*

Ne rougiſſez point de dire la vérité ; car il y va de votre ſalut. *Eccl. 4.*

Ayez le mal en horreur & attachez vous fortement au bien. *Pſ. 36.*

N'uſez point de menſonges les uns envers les autres. *Coloſſ. 3.*

Donnez-vous de garde de faire des

des mensonges ; car l'habitude de mentir est très mauvaise. *Eccl.* 7.

Le Seigneur a en horreur le menteur, & le témoin trompeur qui assure des mensonges. *Prov.* 6.

L'oisiveté apprend beaucoup de mal. *Eccl.* 33.

Tout paresseux est toujours pauvre. *Prov.* 21.

Celui qui ne veut point travailler ne doit point manger. 2. *Thess.* 3.

L'homme est né pour le travail, comme l'oiseau pour voler. *Job.* 5.

Mon fils, ménagez le temps, & évitez le mal. *Eccl.* 4.

Veillons & soyons sobres. 1. *Thess.* 5.

Prenez garde à vous, de peur que vos cœurs ne s'appésantissent par l'excès des viandes & du vin. *S. Luc.* 21.

G

La tempérance dans le boire & dans le manger eſt la ſanté de l'ame & du corps.

Que nuls mauvais discours ne ſortent de votre bouche ; mais qu'ils n'en ſorte que de bons & de propres à nourrir la foi ; afin qu'ils inſpirent de la piété à ceux qui les écoutent. *Epheſ. 4.*

Ne ſavez-vous pas que votre corps eſt le temple du Saint-Eſprit qui eſt en vous, & qui vous a été donné de Dieu, & que vous n'êtes plus à vous-mêmes ? car vous avez été rachetés d'un grand prix. Glorifiez donc & portez Dieu dans votre corps. *1. Cor. 6.*

Le partage des impudiques ſera d'être jeté dans un étang brûlant de feu & de ſoufre. *Apoc. 21.*

Rien de ſouillé n'entrera dans le

royaume des Cieux, ni aucun de ceux qui commettent l'abomination. *Apoc.* 21.

Le Seigneur a en abomination le cœur corrompu. *Prov.* 11.

Les mauvaises pensées séparent de Dieu. *Sag.* 1.

Veillez sur vous même, mon fils, & abstenez-vous de toute sorte d'impureté. *Tobie.* 4.

Mes très-chers enfans, purifions-nous de tout ce qui souille le corps & l'esprit, & travaillons de plus en plus à notre sanctification dans la crainte de Dieu. 2. *Cor.* 7.

Je vous dis de ne point jurer, mais contentez-vous de dire : Cela est ; ou : Cela n'est pas ; car ce qui est de plus, vient du mal. *S. Matth.* 5.

Vous ne prendrez pas en vain le nom du Seigneur votre Dieu ; car le Seigneur ne tiendra point pour innocent celui qui aura pris en vain le nom du Seigneur son Dieu. *Exod.* 20.

Vous ne jugerez point fauſſement en ſon nom. *Lévit.* 19.

Veillez ; parce que vous ne ſçavez ni le jour, ni l'heure que le Fils de l'homme viendra. *S. Matth.* 24.

Nous paraîtrons tous au tribunal de Jeſus-Chriſt, & chacun rendra compte de ſes actions. *Rom.* 14.

Il eſt arrêté que tous les hommes meurent une ſeule fois, & qu'enſuite ils ſoient jugés. *Hebr.* 9.

Souvenez-vous dans toutes vos actions de votre dernière fin, & vous ne pécherez jamais. *Eccl.* 7.

La mort des méchans eſt très-malheureuſe. *Pſ.* 33.

Mes très-chers enfans, ayez ſoin

de travailler à votre salut avec crainte & avec tremblement. *Philipp.* 2.

Le pareffeux n'a pas voulu travailler à caufe du froid; il mandiera fon pain pendant l'été; & on ne lui donnera rien. *Prov.* 20.

L'ouvrier fujet au vin ne deviendra jamais riche; & celui qui néglige les petites chofes, tombera peu à peu. *Eccl.* 19.

Celui qui aime fon fils, le châtie fouvent; afin qu'il en reçoivent de la joie quand il fera grand, & qu'il n'aille pas mendier aux portes des autres. *Eccl.* 31.

ABRÉGÉ
DES PRINCIPAUX DEVOIRS.

Desquels tout Chrétien se doit fidèlement acquitter selon sa condition & son état.

Les Devoirs envers Dieu, les Saints & les choses saintes.

Tout Chrétien doit adorer Dieu, & n'adorer que lui, c'est-à-dire, le reconnoître seul pour son créateur, son souverain & sa derniere fin.

2. Il doit croire, sans hésiter, tout ce que Dieu a révélé à son Eglise.

3. Il doit espérer en lui, & ne se jamais défier de sa providence ni de sa miséricorde.

4. Il doit l'aimer de tout son cœur, & le préférer à toutes choses.

5. Il doit le prier avec respect le matin & le soir.

6. Il doit lui être fidele au péril même de sa vie.

7. Il doit plus craindre de l'offenser, que tous les maux les plus terribles.

8. S'il l'a offensé, il en doit avoir un très-grand regret, & marquer sa douleur par une véritable pénitence.

9. Il doit rendre les mêmes devoirs à Jesus-Christ parce qu'il est Dieu.

10. Il doit les mêmes choses au saint Sacrement, parce que Jesus-Christ y est réellement contenu.

11. Il doit honorer la sainte Vierge au-dessus de tous les Saints; parce qu'elle est la Mere de Dieu.

12. Il doit respect, obéissance & invocation à son Ange, & à son

saint Patron; & après eux, il doit respecter tous les Saints.

13. Il doit révérer les images de Jesus-Christ & des Saints, non pas à cause du papier, du bois ou de la pierre dont elles sont faites, mais à cause de ce qu'elles représentent : par exemple, dans un Crucifix on n'adore pas le bois ni le papier, mais Jesus-Christ qui y est représenté.

14. Il doit aussi révérer les reliques des Saints, par le rapport qu'elles ont à ceux dont elles sont les restes.

15. Enfin il doit honorer tout ce qui a rapport à Dieu, comme sa parole, son nom, les personnes qui lui sont consacrées, les Eglises qui lui sont dédiées, les cérémonies qui sont instituées en son honneur, &c.

Les Devoirs envers le Prochain.

1. Tout Chrétien doit aimer son prochain comme soi même.

2. Il ne doit jamais lui faire aucun mal, ni aucun tort, ni en son bien, ni en son honneur; & au contraire, il doit lui faire tout le bien & lui rendre tous les services qui lui sont possibles.

3. Il ne doit jamais écouter les médisans.

4. Il ne doit jamais faire de jugemens téméraires, ni avoir d'envie contre personne.

5. Il ne doit jamais contribuer ni consentir à aucune injustice ni méchanceté.

6. Il doit l'assister dans ses nécessités, jusqu'à s'incommoder soi-même.

7. Il doit supporter avec patience

& douceur ses défauts & ses infirmités de corps & d'esprit.

8. Il doit lui pardonner très-sincèrement les offenses qu'il en a reçues, telles qu'elles puissent être.

9. Il doit aimer ses ennemis, prier pour eux, & leur faire du bien.

10. Il doit le corriger charitablement, s'il le voit tomber en quelque faute, sur tout si son âge, sa condition ou sa charge lui donnent quelque autorité sur lui.

11. Il doit l'édifier par l'exemple d'une bonne vie.

Les Devoirs envers soi-même.

1. Tout Chrétien doit avoir un très grand soin du salut éternel de son ame, & ne se pas presque soucier de son corps.

2. Il doit combattre incessam-

ment ſes vices & ſes mauvaiſes inclinations.

3. Il doit faire pénitence ſans délai, & ſe châtier lui-même des péchés dont il ſe ſent coupable.

4. Il doit ſe tenir ſur ſes gardes & retrancher abſolument tout ce qui lui peut être occaſion de péché.

5. Il doit fuir les délices & les voluptés du corps, comme un poiſon.

6. Il ne doit rien tant eſtimer que de travailler & de ſouffrir pour Jeſus-Chriſt.

7. Il doit mépriſer les honneurs, les biens & les plaiſirs du monde, aimer l'humilité, la pauvreté & la croix

8. Il doit payer ſes dettes.

Les Devoirs des Enfans envers leurs Peres & Meres.

1. Les Enfans doivent honorer leurs Peres & leurs Meres, en tout âge & en tout état.

2. Ils doivent leur obéir en toutes choses, où Dieu n'est point offensé.

3. Ils leur doivent amour & respect, aussi bien dans les châtimens que dans les caresses.

4. Ils doivent éviter avec grand soin de les attrister ou les mettre en colère.

5. Ils doivent les assister dans leur pauvreté, jusqu'à tout vendre pour cela.

6. Ils doivent, après leur mort, prier & faire prier Dieu pour le repos de leur ame, & exécuter ponctuellement leurs dernières volontés.

PRIERE

Pour le Renouvellement des vœux du Baptême.

GRACES vous soient rendues, ô mon Dieu, pour le don ineffable que vous m'avez fait. J'étais dans les ténèbres, et vous m'en avez tiré pour m'appeler à votre admirable lumiere. J'étais mort par le péché, et vous, mon Dieu, qui êtes riche en miséricorde, vous m'avez rendu la vie en Jesus-Christ par l'eau de la régénération. J'étais par ma naissance enfant de colère, et vous m'avez rendu participant de la nature Divine par le renouvellement du Saint-Esprit que vous avez répandu sur moi avec une riche effusion : afin qu'étant justifié par votre grace, je devienne héritier de la vie éternelle. Qu'il est juste que je vous aime, ô mon Père, puisque vous m'avez tant aimé le premier ! Et comment, après être mort au péché, serais-je assez malheureux pour vivre encore dans le péché ! Que je n'oublie jamais mon Dieu, qu'en recevant le Baptême de Jesus-Christ, je me suis dépouillé du vieil homme qui se corrompt en suivant l'illusion de ses passions, et que j'ai été revêtu de l'homme nouveau, qui est Jesus-Christ même. Que je n'aime donc ni le monde, ni ce qui est dans le monde : mais qu'ayant le bonheur d'être à Jesus-Christ, je crucifie ma chair avec ses passions et ses desirs déréglés. Que je vive par l'esprit de Jesus-Christ, et que je sois dans les mêmes dispositions et les mêmes sentimens où il a été. Que je sois devant vous, ô mon Dieu, comme un enfant nouvellement né, éloigné de toutes sortes de malices, de tromperies et de dissimulations, et soupirant ardemment après le lait spirituel et tout pur de votre parole, qui me fasse croître pour le salut. Ne permettez pas que j'attriste jamais par le péché, votre Esprit saint dont vous m'avez marqué comme d'un sceau, et que vous m'avez donné pour arrhe de l'immortalité qui m'a été promise. Que je porte par votre grace les fruits de toutes sortes de bonnes œuvres ; afin qu'après avoir vécu d'une manière digne de vous, j'arrive au Royaume et à la gloire à laquelle vous m'avez appelé. Amen.

Antienne à la Sainte Vierge.

Nous vous saluons, Reine du Ciel, qui avez mis au monde celui qui s'est fait pour nous une Victime de propitiation, et en qui seul est notre vie, notre espérance : dans cet exil auquel nous sommes condamnés comme enfans d'une Mere coupable, nous implorons votre intercession : nous vous présentons nos soupirs et nos gémissemens dans cette vallée de larmes. Soyez donc notre Avocate, attendrissez-vous sur nos maux, et après l'exil de cette vie, obtenez-nous, Vierge Marie, pleine de tendresse pour les hommes, obtenez-nous le bonheur de voir Jesus-Christ, ce fruit sacré de votre sein.

A ÉVREUX, de l'Imprimerie d'ANCELLE, fils.

www.ingramcontent.com/pod-product-compliance
Lightning Source LLC
Chambersburg PA
CBHW070530100426
42743CB00010B/2030